CONTENID

I0002204

INTRODUCCION

Bienvenido a la jungla del marketing digital en redes sociales. Si estás aquí, es porque sabes que sociales no son solo plataformas para videos de baile y fotos de brunch. Son verdaderas máquinas de marketing capaces de catapultar tu negocio al siguiente nivel. Pero, ¿cómo destacar entre el ruido? Aquí entra en juego el SEO en redes sociales.

El SEO (Search Engine Optimization) no es solo para Google. Aplicado a las rede sociales, puede hacer maravillas para tu visibilidad, engagement y, lo más importante, tus ingresos. ¿Listo para aprender cómo? Perfecto, porque en este ebook vamos a desglosar las estrategias de SEO que te ayudarán a dominar estas plataformas como un verdadero pro.

¿Por qué SEO en Redes Sociales?

Las redes sociales son el escaparate de tu marca. Si no optimizas tu contenido y perfil, podrías estar perdiendo la oportunidad de llegar a miles de potenciales seguidores (y clientes). Aquí te mostraremos cómo usar palabras clave, hashtags, y otros trucos para que tu contenido brille tanto en los feeds de tus seguidores como en los motores de búsqueda internos de las redes sociales.

¿Qué Vamos a Cubrir?

Te prometo que esto no va a ser un rollo teórico. Vamos a ir al grano con estrategias prácticas que puedes empezar a implementar hoy mismo. Desde cómo optimizar tu biografía de Instagram, facebook, twiter, etc hasta cómo hacer que tus TikToks se vuelvan virales, este ebook está repleto de consejos técnicos, pero explicados de una manera sencilla y directa. Piensa en esto como tu hoja de ruta para conquistar las redes sociales.

El Poder de Dar Valor

Sí, lo has oído mil veces: "El contenido es el rey". Pero aquí va una verdad incómoda: no cualquier contenido. Necesitas dar valor. Esto significa crear publicaciones que realmente ayuden, eduquen o entretengan a tu audiencia. Y cuando haces esto sin esperar nada a cambio, algo mágico ocurre: atraes a clientes por sí solo. Imagina ofrecer mini-tutoriales en Instagram, respondiendo a preguntas comunes en tu nicho, o lanzando desafíos divertidos en TikTok. No solo te posicionarás como un experto, sino que también construirás una comunidad fiel que espera con ansias tu próximo post.

Webinars, Videos y Más

Otra manera genial de dar valor es a través de webinars. Organiza sesiones en vivo donde puedas profundizar en temas relevantes para tu audiencia.

No solo agregarás valor, sino que también tendrás la oportunidad de interactuar directamente con tus seguidores.

Los videos también son tu mejor aliado. Ya sea un Reel en Instagram o un TikTok, el contenido en video tiene un poder de atracción increíble. Comparte conocimientos clave, pero deja siempre un poco de misterio. Así, mantendrás a tu audiencia enganchada y con ganas de más.

Listos, Preparados, ¡A Optimizar!

Así que prepárate para sumergirte en el fascinante mundo del SEO en redes sociales. Vamos a explorar cómo optimizar tu presencia en las redes sociales, paso a paso, con estrategia y con una sonrisa. No más conjeturas ni tácticas al azar. Aquí tienes el manual definitivo para llevar tu juego de redes sociales al siguiente nivel.

¡Vamos a por ello!

- **Fundamentos del SEO en Redes Sociales**

¿Qué es el SEO en redes sociales?

El SEO (Search Engine Optimization) en redes sociales se refiere a la práctica de optimizar tu contenido y perfiles en plataformas sociales para mejorar su visibilidad en los motores de búsqueda y dentro de las propias redes sociales.

Importancia del SEO en redes sociales.

El SEO en redes sociales puede aumentar significativamente tu alcance, atraer más seguidores y convertirlos en clientes. Al optimizar tu contenido para SEO, puedes asegurarte de que más personas encuentren y se comprometan con tu marca.

- **Estrategias de SEO en Redes Sociales**

Investigación de palabras clave

Utiliza herramientas de investigación de palabras clave para identificar las búsquedas más relevantes y populares en tu nicho. Incorpora estas palabras clave en tus publicaciones y perfiles.

La Clave para el Éxito en Redes Sociales

¡Ey, futuro gurú del marketing en redes sociales! Si quieres que tus publicaciones en no pasen desapercibidas, necesitas dominar el arte de la investigación de palabras clave.

 ¿Por qué? Porque las palabras clave son como señales de tráfico que guían a los usuarios hacia tu contenido. Vamos a desglosar esto de la manera más desenfadada y práctica posible, para que empieces a brillar.

¿Qué Son las Palabras Clave y Por Qué Importan?
Las palabras clave son los términos y frases que la gente usa para buscar contenido en internet. Piensa en ellas como los ingredientes de una receta: si usas los correctos, tu plato (o en este caso, tu post) será irresistible.

Por ejemplo, si tienes una tienda de ropa vintage, algunas palabras clave podrían ser "moda vintage", "ropa retro", "outfits años 80". Usar estas palabras en tus publicaciones aumenta las probabilidades de que las personas interesadas en esos temas encuentren tu contenido.

Herramientas Gratis para la Investigación de Palabras Clave

- **Google Trends:** Este es tu radar de tendencias. Te muestra lo que está de moda y qué términos están ganando popularidad. Simplemente ingresa una palabra clave y mira su rendimiento a lo largo del tiempo.

  https://trends.google.es/trends/

  - Ejemplo: Si estás en la industria del fitness, busca "entrenamiento en casa". Si ves que ha habido un pico reciente, ¡aprovecha esa ola!

- **AnswerThePublic:** Esta herramienta es como un oráculo moderno. Te muestra las preguntas que la gente hace sobre un tema específico. Ingresa una palabra clave y obtendrás un montón de ideas sobre qué contenido crear.

  https://answerthepublic.com/es

  - Ejemplo: Si tu nicho es la jardinería, ingresa "plantas de interior" y verás preguntas como "¿Cómo cuidar plantas de interior en invierno?". ¡Boom! Tema para tu próximo video.

- **Ubersuggest:** Creada por Neil Patel, es una herramienta gratuita que te da ideas de palabras clave y su volumen de búsqueda. Además, te muestra qué tan difícil es posicionarse para esa palabra.

  https://neilpatel.com/es/ubersuggest/

  - Ejemplo: Si eres un chef compartiendo recetas, busca "recetas saludables". Verás cuántas personas buscan eso y qué otras palabras clave relacionadas puedes usar.

Cómo Usar Estas Herramientas
Haz tu Investigación:
- Abre Google Trends, AnswerThePublic, y Ubersuggest. Ingresa palabras clave relacionadas con tu nicho.
- Toma nota de las palabras clave más populares y las preguntas que la gente está haciendo, te recomiendo hagas un Excel con las palabras clave, nicho y cantidad de búsqueda o tendencias de las mismas, esto te lo recomiendo para que tengas un registro que vas a necesitar.

Optimiza tu Perfil:
- Asegúrate de que tu biografía de Instagram y tu descripción incluyan estas palabras clave.
- Ejemplo: Si eres un entrenador personal, en tu biografía podrías poner algo como "Entrenador personal especializado en entrenamiento en casa y nutrición saludable".

Crea Contenido Basado en Palabras Clave:
- Usa las palabras clave y preguntas populares para inspirar tus publicaciones. Si ves que mucha gente pregunta "¿Cómo empezar con yoga?", crea un video o post mostrando los movimientos básicos de yoga.
- En Instagram, podrías hacer un Reel rápido con "5 tips para empezar con yoga en casa" y usar hashtags relevantes.

Utiliza Hashtags Eficazmente:

- Incluye las palabras clave en tus hashtags. Si descubres que "recetas saludables" es popular, usa hashtags como #RecetasSaludables #CocinaFit #HealthyEating.
- Mantén un balance entre hashtags populares y específicos para alcanzar una audiencia más amplia y nichos.

Ejemplo Práctico: Cómo Hacerlo en la Vida Real

Digamos que eres un apasionado del maquillaje y quieres que más personas vean tus tutoriales en TikTok.

1. Paso 1: Vas a Google Trends y escribes "tutorial de maquillaje".
2. Paso 2: Descubres que hay un pico en búsquedas de "maquillaje para principiantes".
3. Paso 3: Vas a AnswerThePublic y ves preguntas como "¿Cuál es el mejor maquillaje para principiantes?" y "¿Cómo hacer un maquillaje natural?".
4. Paso 4: Usas Ubersuggest y encuentras palabras clave relacionadas como "maquillaje fácil" y "tutorial de maquillaje sencillo".

Con esta información:

- Optimizas tu perfil: "Maquilladora profesional enseñando maquillaje fácil para principiantes. #MakeupTips #MaquillajeNatural".
- Creas contenido: Publicas un video en TikTok titulado "Tutorial de Maquillaje Natural para Principiantes" y usas hashtags como #MaquillajeFácil #MakeupForBeginners.

La investigación de palabras clave es tu brújula en el vasto océano de las redes sociales. Usando herramientas gratuitas como Google Trends , AnswerThePublic y Ubersuggest , puedes descubrir qué está buscando tu audiencia y crear contenido que realmente les importe.

Recuerda, dar valor es la clave para atraer y mantener a tus seguidores. ¡Así que adelante, empieza a investigar y a crear contenido irresistible!

Optimización de perfiles

Asegúrate de que tu perfil esté completo y optimizado con palabras clave relevantes, descripciones claras y enlaces a tu sitio web. Cada plataforma tiene su propio conjunto de mejores prácticas.

Contenido de alta calidad

Crea y comparte contenido valioso, atractivo y relevante para tu audiencia. Usa palabras clave estratégicamente en tus publicaciones, pero evita el keyword stuffing.

¿Qué es el Keyword Stuffing?

Imagina que estás leyendo un artículo sobre "recetas de cocina" y cada línea menciona "recetas de cocina" sin parar. Algo así como: "Si buscas recetas de cocina, estas recetas de cocina son las mejores recetas de cocina para ti. Las recetas de cocina fáciles y rápidas son las mejores recetas de cocina." Aburrido, ¿verdad? Esto es el keyword stuffing.

El keyword stuffing es una práctica de SEO en la que se repiten excesivamente palabras clave en un contenido con la intención de manipular el ranking en los motores de búsqueda. En lugar de usar las palabras clave de manera natural y fluida, se inserta de forma exagerada, haciendo que el texto sea antinatural y difícil de leer.

¿Por Qué es Malo el Keyword Stuffing?

1. Experiencia de Usuario Pobre: Cuando los lectores encuentran un contenido lleno de repeticiones innecesarias, pierden interés rápidamente. Es molesto y dificulta la comprensión del mensaje principal.

2. Penalizaciones de Motores de Búsqueda: Los motores de búsqueda como Google son muy inteligentes y penalizan el keyword stuffing. Si detectan que estás usando esta técnica, pueden bajar tu ranking o, peor aún, eliminar tu contenido de los resultados de búsqueda.

3. Pérdida de Credibilidad: Los lectores confían menos en un sitio web que parece más interesado en manipular los resultados de búsqueda que en proporcionar información valiosa. Esto puede dañar tu reputación y credibilidad.

Ejemplo de Keyword Stuffing

Para que quede claro, aquí tienes un ejemplo exagerado de keyword stuffing:

Mala Práctica: "Las recetas de cocina son muy importantes. Si buscas recetas de cocina fáciles, nuestras recetas de cocina son las mejores. Las recetas de cocina rápidas y las recetas de cocina saludables son nuestras especialidades en recetas de cocina."

Cómo Hacerlo Bien: Uso Natural de Palabras Clave
En lugar de repetir sin cesar la misma palabra clave, es mejor integrarla de manera natural en el contenido. Aquí tienes cómo se podría reescribir el ejemplo anterior:

Buena Práctica: "Si buscas recetas fáciles y rápidas, has llegado al lugar correcto. Nuestro sitio ofrece una variedad de opciones, desde platos saludables hasta comidas gourmet, todas diseñadas para que cocinar sea sencillo y agradable."

Consejos para Evitar el Keyword Stuffing

1. Varía tu Vocabulario: Usa sinónimos y frases relacionadas. Por ejemplo, en lugar de repetir "recetas de cocina" una y otra vez, usa "platos fáciles", "opciones culinarias", "comidas deliciosas", etc.
2. Enfócate en la Calidad del Contenido: Crea contenido que sea útil y relevante para tus lectores. Si tu contenido es valioso, naturalmente incluirá palabras clave relevantes sin necesidad de forzarlas.
3. Utiliza Herramientas de SEO: como lo son semrush, seigoo, yoast (Para Web) pueden ayudarte a asegurarte de que estás usando palabras clave de manera efectiva sin caer en el keyword stuffing.
4. Lee en Voz Alta: Una técnica sencilla es leer tu contenido en voz alta. Si suena repetitivo o antinatural, es probable que estés usando demasiadas palabras clave.
5. Distribución Equilibrada: Usa las palabras clave en lugares estratégicos como el título, subtítulos, primer párrafo y conclusión, pero sin exagerar

Herramientas Gratuitas para Mejorar tu SEO

- Google Keyword Planner: Para encontrar palabras clave relevantes y sus volúmenes de búsqueda.
- AnswerThePublic: Para descubrir preguntas y temas relacionados con tus palabras clave.
- Ubersuggest: Para obtener ideas de palabras clave y verificar su dificultad y volumen de búsqueda.

Recapitulemos

El keyword stuffing es una técnica obsoleta y perjudicial que puede dañar tanto tu ranking en los motores de búsqueda como la experiencia de tus lectores. En lugar de tratar de engañar al sistema, enfócate en crear contenido valioso y relevante que utilice palabras clave de manera natural y efectiva. Al hacerlo, no solo mejorarás tu SEO, sino que también ganarás la confianza y lealtad de tu audiencia. Así que, olvida el stuffing y empieza a escribir contenido que realmente brille. ¡Tus lectores (y Google) te lo agradecerán!

SEO en Plataformas Específicas

Optimizar tu contenido para diferentes plataformas de redes sociales puede mejorar drásticamente tu visibilidad y engagement.

Aquí te explico cómo hacerlo en cinco de las plataformas más populares: Facebook, Instagram, Twitter, LinkedIn y YouTube. Vamos a desglosarlo con ejemplos y prácticas específicas.

Facebook

1. Optimización del Perfil

- Nombre de Usuario y URL: Asegúrate de que tu nombre de usuario y URL de Facebook sean coherentes con tu marca. Por ejemplo, si tu negocio es "Pastelería Delicias", tu URL debería ser algo como facebook.com/PasteleriaDelicias.
- Biografía: Usa palabras clave relevantes en tu biografía. Si vendes pasteles personalizados, menciona "pasteles personalizados" en tu descripción.

2. Publicaciones

- Palabras Clave en Publicaciones: Incluye palabras clave relevantes en tus publicaciones. Si estás compartiendo una receta de pastel, usa términos como "receta de pastel", "pastel fácil de hacer" y "postres caseros".
- Hashtags: Aunque no son tan vitales en Facebook como en Instagram, los hashtags pueden ayudar. Usa hashtags relacionados como #PastelesPersonalizados, #RecetasDePastel, #DulcesDelicias.

3. Interacción y Engagement

- Responde a Comentarios y Mensajes: Interactúa con tus seguidores respondiendo a comentarios y mensajes. Esto no solo mejora el engagement, sino que también es visto positivamente por el algoritmo de Facebook.
- Publicaciones Interactivas: Crea encuestas, preguntas y publicaciones que inviten a la interacción. Esto aumenta la visibilidad de tus publicaciones en los feeds de tus seguidores.

Instagram

1. Optimización del Perfil

- Nombre y Biografía: Usa palabras clave relevantes en tu nombre y biografía. Por ejemplo, si eres un entrenador personal, podrías poner "Entrenador Personal | Fitness & Salud".
- Enlace en la Biografía: Incluye un enlace a tu sitio web o landing page relevante. Puedes usar herramientas como Linktree para tener múltiples enlaces.

2. Publicaciones y Hashtags

- Uso Estratégico de Hashtags: Usa hasta 30 hashtags relevantes en cada publicación. Mezcla hashtags populares con específicos de tu nicho. Por ejemplo, #EntrenamientoEnCasa, #FitnessMotivation, #SaludYBienestar.
- Palabras Clave en Descripciones: Incluye palabras clave en las descripciones de tus fotos y videos. Si publicas una rutina de ejercicios, describe qué músculos trabaja y los beneficios.

3. Historias y Reels

- Historias Interactivas: Usa encuestas, preguntas y deslizadores en tus historias para aumentar la interacción.
- Reels: Crea Reels con contenido dinámico y relevante. Utiliza música popular y hashtags específicos para aumentar la visibilidad.

Twitter

1. Optimización del Perfil

- Nombre y Biografía: Usa palabras clave en tu nombre y biografía. Si eres un experto en marketing digital, podrías poner "Marketing Digital | Estrategias y Tips".
- URL: Incluye un enlace a tu sitio web o blog.

2. Tweets y Hashtags

- Uso de Palabras Clave: Incluye palabras clave relevantes en tus tweets. Por ejemplo, "Aprende las mejores estrategias de marketing digital para 2024".
- Hashtags: Usa hashtags relevantes en cada tweet. Por ejemplo, #MarketingDigital, #EstrategiasSEO, #SocialMedia.

3. Interacción y Engagement

- Responde y Retweetea: Interactúa con otros usuarios respondiendo a sus tweets y retweeteando contenido relevante.
- Hilos: Crea hilos de tweets para explicar temas complejos o compartir listas y consejos.

LinkedIn

1. Optimización del Perfil

- Título Profesional: Usa palabras clave en tu título profesional. Por ejemplo, "Consultor en Estrategias de Negocios | Especialista en Transformación Digital".

- Resumen: Escribe un resumen detallado incluyendo palabras clave relevantes. Describe tus habilidades y experiencias usando términos específicos de tu industria.

2. Publicaciones y Artículos

- Contenido de Valor: Publica artículos y actualizaciones que proporcionen valor a tu red. Usa palabras clave relevantes en los títulos y en el contenido.
- Hashtags: Usa hashtags relevantes en tus publicaciones para aumentar la visibilidad. Por ejemplo, #TransformaciónDigital, #ConsultoríaDeNegocios, #EstrategiasDeNegocio.

3. Interacción y Engagement

- Interacción en Grupos: Únete a grupos relevantes y participa activamente en las discusiones.
- Recomendaciones y Endosos: Solicita y da recomendaciones y endosos para aumentar tu credibilidad.

YouTube

1. Optimización del Canal

- Nombre y Descripción del Canal: Usa palabras clave relevantes en el nombre y la descripción de tu canal. Por ejemplo, "Recetas Saludables con María | Cocina Fácil y Nutritiva".
- Arte del Canal: Usa un banner atractivo que incluya palabras clave y una llamada a la acción.

2. Optimización de Videos

- Títulos y Descripciones: Incluye palabras clave relevantes en los títulos y descripciones de tus videos. Por ejemplo, "Cómo Hacer Ensaladas Saludables | Recetas Fáciles y Rápidas".

- Etiquetas y Hashtags: Usa etiquetas y hashtags relevantes para aumentar la visibilidad. Por ejemplo, #RecetasSaludables, #CocinaFácil, #Nutrición.

3. Miniaturas y Listas de Reproducción

- Miniaturas Atractivas: Crea miniaturas llamativas y profesionales que incluyan palabras clave.
- Listas de Reproducción: Organiza tus videos en listas de reproducción temáticas. Esto no solo mejora la experiencia del usuario, sino que también aumenta el tiempo de visualización en tu canal.

Ejemplos Prácticos

Ejemplo 1: Publicación en Facebook
- Antes: "Mira nuestra nueva receta de pastel."
- Después: "Descubre nuestra receta de pastel de chocolate fácil y deliciosa. Perfecta para cualquier ocasión. #RecetaDePastel #PastelDeChocolate"

Ejemplo 2: Biografía de Instagram
- Antes: "Entrenador personal."
- Después: "Entrenador Personal | Especialista en Entrenamiento en Casa y Nutrición Saludable. 💪🌿 Enlace a mis programas   "

Ejemplo 3: Tweet en Twitter
- Antes: "Nuevas estrategias de marketing."
- Después: "¡Descubre las nuevas estrategias de marketing digital para 2024! 🚀 #MarketingDigital #EstrategiasSEO"

Ejemplo 4: Publicación en LinkedIn
- Antes: "Ofrecemos consultoría de negocios."
- Después: "Transforma tu empresa con nuestra consultoría de negocios especializada en transformación digital. 🌐💼 #TransformaciónDigital #ConsultoríaDeNegocios"

Ejemplo 5: Título de Video en YouTube
- Antes: "Ensaladas fáciles."
- Después: "Cómo Hacer Ensaladas Saludables y Fáciles | Recetas Nutritivas para Todos los Días"

El SEO en redes sociales es esencial para aumentar tu visibilidad y engagement. Al optimizar tu perfil y contenido para cada plataforma, puedes asegurarte de que tu mensaje llegue a la audiencia correcta. Usa las estrategias y herramientas mencionadas para mejorar tu presencia en Facebook, Instagram, Twitter, LinkedIn y YouTube, y observa cómo crece tu influencia en el mundo digital. ¡Manos a la obra y a optimizar se ha dicho!

Herramientas de SEO en Redes Sociales

Optimizar tu presencia en redes sociales no tiene por qué ser una tarea tediosa. Con las herramientas adecuadas, puedes analizar tu rendimiento, programar contenido y monitorear tendencias de manera eficiente y divertida.

Aquí te presento tres áreas clave y cómo puedes abordarlas con ejemplos prácticos y ejercicios para que te conviertas en un maestro del SEO en redes sociales.

Análisis de Rendimiento

¿Por Qué es Importante?
Conocer el rendimiento de tu contenido te permite entender qué funciona y qué no. Así, puedes ajustar tu estrategia para maximizar tu impacto.
Herramientas Recomendadas:
- Facebook Insights
- Instagram Insights
- Twitter Analytics
- LinkedIn Analytics
- YouTube Analytics

Ejercicio Práctico: Analiza Tu Rendimiento

1. Paso 1: Abre la herramienta de análisis de la red social que prefieras. Vamos a usar Instagram Insights como ejemplo.
2. Paso 2: Ve a tu perfil de Instagram y toca las tres líneas en la esquina superior derecha. Selecciona "Insights".
3. Paso 3: Examina las métricas clave como "Alcance", "Interacciones", "Visitas al Perfil" y "Seguidores".
4. Paso 4: Anota las publicaciones con mejor rendimiento. Pregúntate: ¿Qué tienen en común? ¿Es el uso de hashtags, el tipo de contenido, la hora de publicación?

Ejemplo: Supongamos que notas que tus publicaciones de recetas saludables tienen un mayor alcance y más interacciones los martes por la noche. ¡Bingo! Ahora sabes que ese es el mejor momento para publicar contenido similar.

Programación de Contenido

¿Por Qué es Importante?
Mantener una presencia constante en las redes sociales es crucial. La programación de contenido te ayuda a mantener la consistencia sin sentirte abrumado.

Herramientas Recomendadas:
- Hootsuite
- Buffer
- Later
- Planoly

Ejercicio Práctico: Programa una Semana de Contenido
1. Paso 1: Elige una herramienta de programación. Vamos a usar Buffer como ejemplo.
2. Paso 2: Crea una cuenta en Buffer y conecta tus perfiles de redes sociales.
3. Paso 3: Planifica tu contenido para la semana. Divide tus publicaciones entre diferentes categorías (e.g., tips, testimonios, promociones).
4. Paso 4: Programa cada publicación. Incluye el texto, las imágenes y los hashtags relevantes.

Ejemplo: Si tienes una cuenta de fitness, podrías programar algo así:
- Lunes: Tip de Motivación (imagen con una cita inspiradora).
- Martes: Video de Ejercicio (Reel mostrando una rutina de 5 minutos).
- Miércoles: Testimonio de Cliente (historia de éxito de alguien que sigue tu programa).
- Jueves: Pregunta a la Comunidad (encuesta sobre qué tipo de contenido prefieren).
- Viernes: Promoción del Fin de Semana (descuento en tus servicios).

Monitoreo de Tendencias
¿Por Qué es Importante?
Estar al tanto de las tendencias te permite crear contenido relevante y actual, capturando la atención de una audiencia más amplia.

Herramientas Recomendadas:
- Google Trends
- BuzzSumo

- Hashtagify
- TrendSpottr

Ejercicio Práctico: Descubre y Aprovecha Tendencias
1. Paso 1: Abre Google Trends.
2. Paso 2: Escribe una palabra clave relacionada con tu nicho. Supongamos que trabajas en el sector de la moda.
3. Paso 3: Observa las tendencias emergentes y los términos de búsqueda relacionados.
4. Paso 4: Crea una publicación basada en una de estas tendencias.
Ejemplo: Si notas que "moda sostenible" está en tendencia, podrías crear un post en Instagram explicando cómo tu marca contribuye a la sostenibilidad. Usa hashtags relevantes como #ModaSostenible, #EcoFriendlyFashion, #Sostenibilidad.
Ejemplo Completo: Implementación de Todas las Herramientas.

Supongamos que eres un entrenador personal y quieres mejorar tu estrategia en redes sociales. Aquí tienes cómo podrías usar estas herramientas juntas:
Análisis de Rendimiento:
- Usas Instagram Insights y descubres que tus publicaciones de ejercicios caseros tienen más interacciones los lunes y miércoles por la noche.

Programación de Contenido:
- Utilizas Buffer para programar publicaciones los lunes y miércoles a las 8 PM. Planeas videos cortos de rutinas de ejercicios caseros, alternando con consejos de nutrición.

Monitoreo de Tendencias:
- Con Google Trends, notas que "entrenamiento en casa" está en alza. Decides crear un Reel con una rutina de entrenamiento en casa utilizando objetos comunes (como botellas de agua como pesas).

Publicación Final:
- Lunes, 8 PM: Publicas un Reel titulado "Rutina de Ejercicio en Casa con Botellas de Agua". Descripción: "Transforma tu casa en un gimnasio con estos simples ejercicios. 💪#EntrenamientoEnCasa #FitnessFácil".
- Miércoles, 8 PM: Publicas una infografía con "5 Tips de Nutrición para Acompañar tu Entrenamiento en Casa". Descripción: "Alimenta tu cuerpo correctamente para obtener los mejores resultados. 🍎🥑 #NutriciónSaludable #ConsejosDeFitness".

Utilizar herramientas de análisis de rendimiento, programación de contenido y monitoreo de tendencias puede transformar tu estrategia de redes sociales. No solo te permitirá trabajar de manera más eficiente, sino que también te ayudará a crear contenido que realmente resuene con tu audiencia. Así que adelante, experimenta con estas herramientas y observa cómo mejora tu presencia en redes sociales. ¡Tú puedes hacerlo!

Publicidad Pagada y SEO, Una Combinación Ganadora

Introducción a la Publicidad Pagada
La publicidad pagada es una estrategia clave para aumentar la visibilidad de tu marca y atraer a una audiencia más amplia de manera rápida. Plataformas como Google Ads, Facebook Ads, y Instagram Ads ofrecen herramientas poderosas para crear anuncios efectivos y alcanzar a tu público objetivo.

Ejemplo Práctico:
- Google Ads: Supongamos que tienes una tienda en línea de productos de belleza. Creas un anuncio en Google Ads dirigido a personas que buscan "productos de belleza orgánicos". Este anuncio aparece en la parte superior de los resultados de búsqueda cuando alguien busca esa frase clave.

Estrategias de SEO para Complementar tus Anuncios
Integrar estrategias de SEO con publicidad pagada puede maximizar tu alcance y efectividad. Utiliza palabras clave tanto en tus anuncios como en el contenido de tu sitio web para mejorar tu visibilidad orgánica y pagada.

Ejemplo Práctico:
- Palabras Clave: Si estás promocionando un curso de marketing digital, asegúrate de que las palabras clave como "curso de marketing digital" estén optimizadas en tu sitio web y se utilicen en tus anuncios de Google y Facebook.

Cómo Crear Campañas Publicitarias Efectivas
Para crear campañas publicitarias efectivas, es crucial definir tus objetivos, conocer a tu audiencia, diseñar anuncios atractivos y monitorear los resultados.

Ejemplo Práctico:
- Objetivos Claros: Define si tu objetivo es aumentar el tráfico web, generar leads, o vender productos.
- Conocimiento de la Audiencia: Usa Facebook Ads Manager para segmentar a tu audiencia por edad, intereses y comportamiento.
- Anuncios Atractivos: Crea anuncios visualmente atractivos y con un llamado a la acción claro. Usa imágenes de alta calidad y texto persuasivo.

Segmentación y Retargeting
La segmentación te permite mostrar tus anuncios a las personas más relevantes, mientras que el retargeting (o remarketing) se enfoca en aquellos que ya han interactuado con tu marca pero no han convertido.

Ejemplo Práctico en Facebook:
- Segmentación: Si vendes equipos de fitness, puedes segmentar tu audiencia para mostrar anuncios a personas interesadas en "ejercicio" y "vida saludable".
- Retargeting: Configura anuncios de retargeting en Facebook para dirigirte a visitantes de tu sitio web que añadieron productos al carrito pero no completaron la compra. Usa un anuncio que les ofrezca un descuento especial para incentivar la compra.

Medición y Optimización de Anuncios
Monitorear y optimizar tus anuncios es esencial para asegurarte de que estás obteniendo el máximo rendimiento de tu inversión. Usa herramientas de análisis para revisar las métricas clave y ajusta tus campañas según sea necesario.

Ejemplo Práctico:

- Medición: Usa Google Analytics para rastrear el rendimiento de tus anuncios. Observa métricas como el CTR (Click Through Rate), CPC (Cost Per Click) y conversiones.
- Optimización: Si notas que un anuncio específico tiene un alto CTR pero pocas conversiones, revisa y ajusta la página de destino para mejorar la tasa de conversión. Prueba diferentes versiones de tu anuncio con A/B testing para ver cuál tiene mejor desempeño.

Combinar publicidad pagada con estrategias de SEO te permite maximizar tu visibilidad y alcance. Con un enfoque estructurado y la correcta implementación de segmentación, retargeting, y optimización continua, puedes asegurar que tus campañas publicitarias sean efectivas y rentables.

¡Aprovecha estas estrategias para llevar tu marketing al siguiente nivel!

Preguntas que te debes hacer para Aplicar Estrategias de SEO en Redes Sociales a un Nuevo Proyecto

Investigación de Palabras Clave

1. ¿Cuáles son las palabras clave más relevantes para tu nicho de mercado?
2. ¿Qué herramientas utilizaste para investigar estas palabras clave (e.g., Google Trends, AnswerThePublic, Ubersuggest)?
3. ¿Cómo planeas incorporar estas palabras clave en tu contenido de redes sociales?

Optimización del Perfil

1. ¿Has optimizado tu biografía y descripción de perfil en todas tus plataformas de redes sociales con palabras clave relevantes?
2. ¿Tu URL de perfil es coherente con tu marca y fácil de recordar?
3. ¿Qué enlaces importantes has incluido en tu biografía (e.g., sitio web, landing page)?

Contenido de Valor y Educativo

1. ¿Qué tipo de contenido educativo y valioso planeas crear para tu audiencia?
2. ¿Cómo aseguras que tu contenido resuelva problemas comunes de tu audiencia?
3. ¿Qué formatos de contenido (e.g., infografías, tutoriales, videos) vas a utilizar?

Estrategias de Publicación y Programación de Contenido

1. ¿Con qué frecuencia planeas publicar contenido en cada plataforma de redes sociales?

1. ¿Qué herramienta de programación de contenido utilizarás (e.g., Buffer, Hootsuite, Later)?
2. ¿Has creado un calendario de contenido que incluya diferentes tipos de publicaciones para mantener la variedad y el interés?

Análisis de Rendimiento

1. ¿Qué métricas utilizarás para medir el rendimiento de tu contenido en redes sociales (e.g., alcance, interacciones, visitas al perfil)?
2. ¿Qué herramientas de análisis de rendimiento planeas usar (e.g., Facebook Insights, Instagram Insights, Twitter Analytics)?
3. ¿Cómo planeas ajustar tu estrategia en función de los datos de rendimiento que recojas?

Monitoreo de Tendencias

1. ¿Qué herramientas utilizarás para monitorear tendencias en tu nicho (e.g., Google Trends, BuzzSumo, Hashtagify)?
2. ¿Cómo integrarás las tendencias actuales en tu contenido de redes sociales?
3. ¿Con qué frecuencia revisarás y actualizarás tus estrategias basadas en las tendencias actuales?

SEO en Redes Sociales

1. ¿Cómo optimizarás tus publicaciones para SEO en redes sociales (e.g., uso de palabras clave en descripciones y hashtags)?
2. ¿Cómo planeas utilizar hashtags de manera efectiva en cada plataforma?

3. ¿Qué estrategias aplicarás para mejorar la visibilidad de tus publicaciones en las búsquedas dentro de cada plataforma?

Engagement y Comunidad

1. ¿Cómo planeas interactuar con tus seguidores para aumentar el engagement?
2. ¿Qué tipo de publicaciones interactivas (e.g., encuestas, preguntas) utilizarás para fomentar la participación de tu audiencia?
3. ¿Cómo responderás a comentarios y mensajes para mantener una relación cercana con tus seguidores?

Colaboraciones y Alianzas

1. ¿Con qué influencers o marcas planeas colaborar para aumentar tu alcance?
2. ¿Qué tipo de colaboraciones (e.g., duetos, menciones, co-creación de contenido) serán más beneficiosas para tu proyecto?
3. ¿Cómo identificarás y contactarás a posibles colaboradores relevantes en tu nicho?

Optimización de Contenido en Plataformas Específicas

1. ¿Cómo adaptarás tus estrategias de SEO y contenido para cada plataforma específica (e.g., Facebook, Instagram, Twitter, LinkedIn, YouTube)?
2. ¿Qué prácticas específicas seguirás para optimizar tu perfil y publicaciones en cada plataforma?
3. ¿Cómo medirás el éxito de tus estrategias en cada plataforma y ajustarás tus tácticas en consecuencia?

El cuestionario antes mencionado es un cuestionario que está diseñado para guiarte a través del proceso de aplicar las estrategias de SEO en redes sociales a tu proyecto, asegurando que cubras todos los aspectos clave para maximizar tu visibilidad y engagement.

¡Buena suerte con tu proyecto!

Consejos Avanzados para Dominar las Redes Sociales

¡Ey, crack del marketing! Ya has aprendido lo básico, pero ahora vamos a subir el nivel con algunos consejos avanzados para que domines los algoritmos, combines publicidad con SEO, y aumentes tu engagement. Prepárate para llevar tu juego de redes sociales al siguiente nivel. ¡Vamos a ello!

Algoritmos de Redes Sociales
Los algoritmos son los cerebros detrás de las redes sociales. Entender cómo funcionan es clave para asegurarte de que tu contenido no se pierda en el olvido. Aquí tienes algunos puntos clave para descifrarlos y hacer que trabajen a tu favor:

1. **Relevancia:**
   - Los algoritmos adoran el contenido relevante. Asegúrate de que tus publicaciones sean útiles y pertinentes para tu audiencia. ¿Cómo lo haces? Escucha a tu público, responde a sus preguntas y crea contenido que resuelva sus problemas.

2. **Interacción:**
   - Las redes sociales quieren ver engagement. Cuantos más likes, comentarios y compartidos tenga tu contenido, mejor lo tratarán los algoritmos. Así que, ¡anima a tu audiencia a interactuar! Haz preguntas, crea encuestas, y responde a todos los comentarios.

3. **Consistencia:**
   - Publicar regularmente ayuda a mantener tu presencia en el radar de los algoritmos. No te obsesiones con la perfección, ¡solo mantén el ritmo! Herramientas como Buffer y Hootsuite pueden ayudarte a programar tus publicaciones y mantener la consistencia.

4.**Tiempo de Publicación:**
- o Publica cuando tu audiencia esté activa. Usa herramientas de análisis para encontrar los mejores momentos y ajusta tus horarios de publicación en consecuencia.

Publicidad y SEO

Combinar publicidad pagada con SEO puede ser una fórmula ganadora. Aquí te explico cómo sacarle el máximo provecho a esta combinación:

1.**Impulsa tu Contenido Mejor Posicionado:**
- o Usa anuncios para promover las publicaciones que ya están funcionando bien orgánicamente. Esto te dará un empujón extra y ampliará tu alcance.

2.**Segmentación de Audiencia:**
- o Los anuncios te permiten segmentar tu audiencia de manera muy específica. Aprovecha esta herramienta para llegar a las personas correctas en el momento adecuado. Plataformas como Facebook Ads y Google Ads ofrecen excelentes opciones de segmentación.

3.**Retargeting:**
- o El retargeting es tu amigo. Muestra anuncios a personas que ya han interactuado con tu contenido. Esto aumenta las posibilidades de conversión porque estás impactando a una audiencia que ya está interesada en ti.

4. **A/B Testing:**
- No te cases con una sola estrategia publicitaria. Realiza pruebas A/B para ver qué anuncios funcionan mejor y optimiza en función de los resultados.

Engagement y SEO

El engagement no es solo una métrica de vanidad; también puede mejorar tu SEO. Aquí tienes algunas formas de aumentar el engagement y al mismo tiempo mejorar tu posicionamiento:

1. **Contenido Interactivo:**
   - Publica contenido que invite a la participación. Encuestas, preguntas, desafíos y concursos son formas estupendas de hacer que tu audiencia se involucre. Cuanto más interactúen, mejor será tu ranking.
2. **Call to Action (CTA):**
   - Incluye CTAs claros en tus publicaciones. Pide a tu audiencia que comente, comparta o etiquete a un amigo. Los CTAs no solo aumentan el engagement, sino que también pueden guiar a tu audiencia hacia el siguiente paso en tu embudo de conversión.
3. **Contenido Visual Atractivo:**
   - Las imágenes y videos tienden a generar más interacción que el texto solo. Usa gráficos llamativos, videos cortos y animaciones para captar la atención y mantener el interés de tu audiencia.
4. **Colaboraciones:**
   - Colabora con otros creadores o influencers en tu nicho. Las colaboraciones pueden ampliar tu alcance y atraer a nuevos seguidores interesados en tu contenido.

¡Ponte en Marcha!

Ahora que tienes estos consejos avanzados, es hora de ponerlos en práctica. Recuerda, el éxito en redes sociales no ocurre de la noche a la mañana, pero con persistencia y las estrategias correctas, estarás en camino a dominar el juego.

¡Vamos, que tú puedes!

www.ingramcontent.com/pod-product-compliance
Lightning Source LLC
LaVergne TN
LVHW072052060326
832903LV00054B/414